Marketing en Instagram

------ ❧❧❧❧ ------

¡Una Forma Perfecta de Hacerse Rico!

Mark Smith

veraz de los hechos y, por lo tanto, cualquier descuido, uso correcto o incorrecto de la información en cuestión por parte del lector será su responsabilidad, y cualquier acción resultante estará bajo su jurisdicción. Bajo ninguna circunstancia el editor o el autor original de este trabajo podrán ser responsables de cualquier adversidad o daño que pueda recaer sobre el lector luego de seguir la información aquí descrita.

Además, la información contenida en las páginas siguientes solo tiene fines informativos, y por lo tanto, debe considerarse de carácter universal. Como corresponde a su naturaleza, el material se presenta sin garantía con respecto a su validez o calidad provisional. Las marcas registradas encontradas en este texto son mencionadas sin consentimiento escrito y, bajo ningún motivo, puede considerarse como algún tipo de promoción por parte del titular de la marca.

Tabla de Contenidos

Introducción

Felicidades por descargar *Marketing en Instagram: ¡Una Manera Perfecta de Hacerse Rico!* ¡Y gracias por hacerlo! Sabemos que existen muchos libros sobre tecnología y redes sociales, ¡y estamos contentos de que haya elegido nuestro libro! Por si no lo ha notado, la tecnología está avanzando rápidamente en todo el mundo. Es muy probable que más de la mitad de las personas a tu alrededor esté en su teléfono celular o laptop en este momento. La gente ya no envía correos a través del servicio postal, en lugar de eso envían mensajes de textos cortos a sus amigos. Algunas personas ya no compran ropa y zapatos en centros comerciales, sino en Amazon. Lo cierto es que los negocios más inteligentes ya han notado esto y lo están aprovechando para maximizar sus ganancias utilizando la tecnología para vender sus productos. Este libro te enseñará sobre marketing en una plataforma social particular altamente popular - *Instagram*. Si prestas atención a nuestros consejos, ¡estamos seguros de que lograrás exponer tu marca y aumentar tus ventas rápidamente!

Primero y principal, en los siguientes capítulos compartiremos contigo la razón por la cual la tecnología es tan importante en el mundo actual. Te introducirán a *Instagram*, una aplicación de redes sociales con más de setecientos millones de usuarios. De allí en adelante, aprenderás los principios básicos sobre crear una cuenta de negocios independiente en Instagram y dominarás los trucos que te ayudarán a interactuar con tus posibles nuevos clientes. Conocerás las diferentes comunidades en Instagram y aprenderás cómo dirigir tu publicidad a las personas que serán más receptivas a tu negocio.

No solo eso, sino que también aprenderás a navegar por el mundo de la publicidad paga y a combinar tus anuncios con las publicaciones corrientes de los demás. Este libro te enseñará cómo hacer una edición básica de fotos y videos, para que puedas refinar la apariencia de tu producto en una imagen.

Finalmente, te mostraremos cómo usar la herramienta "Insight" de Instagram, para que puedas ver a qué tipo de personas les atrae tu producto o servicios, y dirigirte a ese público. Te mostraremos cómo utilizar tu ubicación para comunicarte con las personas cercanas a tu negocio pequeño, ¡y en cuanto a la publicidad, haremos que sea un gran éxito en tu área!

Hay muchos libros en el mercado sobre cómo utilizar las redes sociales para tu beneficio, ¡así que gracias nuevamente por escoger este libro! Esperamos que sea una lectura agradable y útil, ¡y estamos seguros que tu negocio mejorará una vez que pruebes nuestros consejos!

Capítulo 1:
¿Por qué Instagram?

¡Destellos del Pasado!

Como habrás notado, el mundo está cambiando constantemente. El mismo teléfono celular ha dejado de ser algo más grande que la pantalla de tu laptop, y se ha convertido en los diminutos teléfonos inteligentes que usamos hoy día. Sí, claro, puede que las cosas no sean *exactamente* lo que Back to the Future predijo, pero tampoco está tan alejado de la realidad. Día a día, la tecnología altera enormemente nuestro estilo de vida. Nos comunicamos con emoticones, hacemos órdenes en Starbucks desde nuestro teléfono para evitar hacer colas, y compramos las nuevas tendencias de la temporada en línea. La gente se "desplaza por el feed" para ver fotografías de amigos del colegio, darle "me gusta" a los estatus del Facebook de los padres, y "compartir" los memes de moda con los amigos virtuales. Es fácil olvidar que sin el mundo de las redes sociales no tendríamos estas comodidades.

Don't Know Much About History...

Como cantaba Sam Cooke en su famosa canción "What A Wonderful World", hay mucha historia que desconocemos, pero que deberíamos revisar para saber dónde estamos actualmente. Desde los años 1940, han existido prototipos de computadoras, pero nada era lo suficientemente rápido para hacer algo en esa época. Las computadoras convencionales han existido desde los años 1960, Tim Berners-Lee lo cambió todo. Encendió una nueva llama en el mundo de las computadoras al inventar la World Wide Web, o lo que conocemos como "El Internet". No mucho después, nacieron las redes sociales, la primera fue *Six Degrees*, lanzada en 1996. Debido a esto, la gente comenzó a compartir ideas y fotografías con otros que estaban del otro lado del mundo y a conectarse con amigos perdidos que estaban a miles de millas de distancia. Al principio de los años 2000 vimos el nacimiento de las *salas de chat* de *Myspace* y *AOL,* y luego vimos el lanzamiento de *Facebook* y *Twitter* en el 2006, todo el mundo estaba enganchado a algún tipo de red social. Los teléfonos inteligentes solo avivaron este fuego, y de repente, personas que están en lugares muy distantes de nosotros ahora están a tan solo un clic de distancia. A pesar de que estas páginas web de redes sociales fueron un gran éxito, muchas de ellas parecían el capítulo de un libro demasiado largo −solo palabras y ninguna imagen. Claro, había fotos de perfil, pero el objetivo principal de una página de red social nunca fueron las fotografías ni videos. El 6 de Octubre del 2010, dos amigos en San Francisco, Mike Krieger y Kevin Systrom, cambiaron el rostro de las redes sociales para siempre, ese día a la media noche, lanzaron su nueva aplicación, *Instagram.* Una combinación de las palabras "instant camera" (cámara instantánea) y "telegram" (telegrama), la nueva aplicación de red social *Instagram*, permitía a sus usuarios compartir los momentos más importantes de sus vidas con sus amigos virtuales. La aplicación fue un gran éxito. En tan solo un mes, dos millones de personas utilizaban la aplicación. Facebook adquirió la aplicación en el 2012 y continúan mejorando sus funciones. Actualmente, una de sus características sobrepasa el uso de *Snapchat*.

Ahora, ¿Qué Tiene Que Ver Toda Esta Basura De Redes Sociales Con Mi Pequeño Negocio?

El mundo de un hombre de negocios es muy sencillo. Simplemente descubres dónde están los potenciales clientes y promocionas tu producto o servicio allí. Como puedes ver, las personas en los países desarrollados probablemente usan el Internet más de lo que salen de sus hogares. Desde el lanzamiento de Instagram, muchos negocios han comenzado a notarlo, y están implementando la popular red social en sus sistema de marketing. ¡Es fácil de usar, y la ha convertido en una herramienta de publicidad para diferentes organizaciones! Más de cinco millones de negocios alrededor del mundo, incluyendo *McDonald's* y *Lays Potato Chips*, se han subido al tren de Instagram para aumentar el interés en sus productos y encontrar su público meta. Con Instagram, muchos negocios ni siquiera pagan un solo centavo para promocionar sus productos si saben cómo comercializarlos de la manera adecuada.

¡Vaya!... ¿Y cómo hago esto?

El aspecto comercial de Instagram es muy diferente de una cuenta personal que utilizas para conversar con tus amigos. Lo primero que debes hacer es crear un perfil de Instagram Business, separado de tus otras cuentas. La buena noticia es que, a pesar de que promocionar anuncios necesita algo de capital, ¡crear una cuenta para "negocios" o "profesional" es totalmente gratis! ¡Así es como puedes crear tu propia cuenta Instagram comercial!

Paso Uno: ¡Descarga la Aplicación!

Esta es una muy buena idea si tienes un teléfono inteligente. ¡El primer paso para crear tu perfil es disponer de los medios para hacerlo! ¡Si eres dueño de un iPhone, dirígete a la Apple Store, y si dispones de un Android, ve la Google Play Store para descargar la aplicación gratis! Una vez este instalada, ¡abre la aplicación!

Paso Dos: Asegúrate de Tener un Correo Electrónico Activo para Negocios.

Es más sencillo recibir actualizaciones de posibles clientes o socios comerciales que sigues a través del correo electrónico, si los separas de tu correo personal. Además, cada cuenta requiere un correo electrónico asociado. La ventaja de asociar un correo electrónico exclusivo para negocios es que puedes encontrar todos tus contactos de trabajo (compañeros, clientes, jefes con los que te mantienes en contacto) fácilmente a través de la función "Encontrar Amigos" en Instagram. Otra alternativa es que puedes proporcionar un número de teléfono en lugar de un correo electrónico, si no está asociado a otra cuenta, en caso de tener más contactos de trabajo en los contactos telefónicos.

Paso Tres: Abre la Aplicación y presiona *Registrarse*

Usa el correo electrónico que has creado o el nuevo número de teléfono que tienes.

Paso Cuatro: Introduce la Información de Contacto Correcta (y Asegúrate que sea la Correcta)

No hay problema con introducir tu primer nombre y apellido verdadero. Puedes convertir a Perfil de Empresa una vez que ha sido creada tu cuenta actual.

Paso Cinco: **Selecciona una Foto de Perfil**

DEBES ser estratégico con esto. Hay un botón +Foto en la página. Haz clic para agregar tu fotografía. Asegúrate de que esta es una imagen que puedes reconocer aún en tamaño miniatura, y de que está relacionada con tu empresa. Una buena fotografía para utilizar podría ser el logo de la empresa si tienes uno, o quizás una mascota de la compañía. Lo mejor es evitar una fotografía personal, ya que te representa a ti más que a la empresa.

Paso Seis: **Selecciona un Usuario Relevante**

Puede ser el nombre de tu empresa, o puede ser algo que la represente. Elige algo que sea fácil de encontrar. Cuando otras personas busquen tu negocio en algún motor de búsqueda, quieres que sean capaces de encontrar tu cuenta oficial para negocios o empresas.

Paso Siete: **Vincula tu Cuenta en Facebook y Encuentra Personas para Seguir**

Instagram querrá que vincules tu cuenta de Facebook para que puedas conectarte con las personas que ya conoces. Ten en cuenta que para cambiar cualquier cuenta a una cuenta para negocios, también se requiere de una cuenta en Facebook, ¡así que asegúrate de vincularla, ya sea una cuenta para negocios o personal! Ahora puedes empezar a seguir a tus amigos de Facebook que están afiliados también con tu cuenta para negocios.

Paso Ocho: ¡**Confirma tu Correo Electrónico!**

Muchas de las funciones de Instagram están desactivadas si no han confirmado que tu correo electrónico te pertenece realmente, así que debes ir al correo que vinculaste y verificar que es tu verdadero correo.

Paso Nueve: **Ahora que Realmente estás en la Aplicación con una Cuenta Operativa, ¡Cambia a un Perfil de Empresa**!

En la parte inferior de tu pantalla, verás una barra con cinco íconos. El primero es tu página de inicio, el segundo es para buscar más usuarios y el tercero es para hacer publicaciones. El cuarto te permite ver tus actividades, mientras que el último te permite ver tu perfil. A un lado del botón "Editar Perfil", hay un pequeño icono que parece una rueda. Presiona ese botón y desplázate. Bajo la opción "Usuarios Bloqueados" veras un botón que dice "Cambiar a Perfil de Empresa". ¡Presiona ese botón y estarás listo para comenzar!

Paso Diez: **Coloca Tu Dirección Cuando Sea Solicitada, Y También Tu Correo Electrónico Y Número Telefónico**

Habrá un botón "Enviar mensaje" en tu perfil para quienes deseen hacer preguntas, ¡y esta es la forma más sencilla de permitirles ponerse en contacto contigo!

Paso Once: ¡Haz tu Primera Publicación!

Ahora que tienes los elementos básicos configurados, ¡estás a una publicación de comenzar la aventura de tu vida! Ahora serás capaz de cultivar y hacer crecer tu negocio en la red social. ¡Asegúrate de que tu primera publicación sea para presentar tu empresa y atraiga a clientes potenciales! ¡Puedes tomar una foto de tus oficinas, un producto que sientas que a todos les encantará, o algunos miembros de tu equipo!

Paso Doce: ¡Comparte la Primera Publicación en otras Redes Sociales como Facebook y Twitter!

¡Presiona los tres puntos debajo del comentario de tu foto luego de hacer tu primera publicación! ¡Allí podrás conectar tu publicación de Instagram con muchas otras redes sociales reconocidas, aumentando tu base de seguidores potenciales! ¡Ahora que has comenzado a publicar, revisa el icono del corazón en la parte inferior de la barra para ver a quien le ha gustado tu publicación, quien te ha seguido, o mencionado!

Una vez que tengas la cuenta, asegúrate de manejarla a diario y revisar tu buzón de Mensajes Directos, ubicado en la esquina superior derecha, en caso de que alguien desee hacerte cualquier pregunta. Puedes informar a tus amigos más cercanos sobre la cuenta, y ellos pueden ayudar siguiéndola para atraer más personas a la página. ¡Felicidades!

Ahora que esto está listo, te mostraremos cómo sacar provecho de los beneficios que traen las redes sociales. No tienes que pagarle a Instagram para que nuevas personas conozcan sobre tu negocio —simplemente tienes que saber cómo encontrar personas interesadas y mantener su atención. ¡El siguiente capítulo te convertirá a ti y a cualquiera en tu empresa en la mariposa social más nueva en la cuadra!

Capítulo 2:
TÚ Eres la Nueva Mariposa Social de Instagram: ¡Formas de Conectarte con Nuevos Clientes que Nunca Habrías Imaginado!

Ahora que conoces todo sobre el Nuevo mundo del Instagram y los principios básicos para crear una cuenta, es momento de que aprendas cómo sacar el máximo provecho de esta aplicación sin gastar un solo centavo. ¡La publicidad pagada no es la única forma de tener éxito! Probablemente te preguntarás cómo puedes seleccionar con éxito a las personas adecuadas a quienes vender y acumular una gran cantidad de dinero, pues, aquí hay algunas maneras infalibles que pueden ayudarte a incrementar tu público en segundos...

Asegúrate de que Tu Biografía/Información de Contacto Es Correcta

Antes de que las personas vean tus publicaciones, te juzgarán por cómo te presentas en tu perfil. Para las cuentas de empresas, es crucial tener toda la información de contacto correcta, esto es: nombre, dirección, número telefónico, todo. Si alguien intenta contactarte y no te puede encontrar, se molestará. Adicionalmente, asegúrate de tener una frase biográfica convincente que describa con exactitud lo que haces. Si la frase es provocativa e interesante sería una ventaja adicional. Necesitas explicar lo que tu marca o empresa ofrecen y dejarlo claro. Luego, incluye un enlace a tu propia página web. Todo esto puede cambiarse con el botón "Editar perfil".

Encontrando Cuentas con Productos Similares/ Intereses Comunes e Interactuar con Estas

En tu aplicación de Instagram hay una barra de herramientas inferior con cinco funciones. Haz clic en la lupa, el segundo botón de izquierda a derecha. Esta es tu página de "Buscar". Puedes utilizar el buscador para buscar empresas similares a la tuya, ver sus seguidores y seguir a esas personas para captar su atención. Por ejemplo, si tienes un negocio de guardería, puedes ver clubes de padres en tu ciudad y seguir a las personas a quienes les están gustando esas publicaciones. Probablemente llegarás a alguien que esté interesado en tu negocio o servicios. También puedes enviar mensajes a esas personas y enviar ofertas especiales para tu empresa o negocio a través de una Cuenta de Instagram para Empresas. Las posibilidades son infinitas, lo que me lleva al siguiente tema. Una vez que encuentras a estas personas, es fácil comenzar una campaña publicitaria "Share for Share" (Comparte a cambio de ser Compartido) con un compañero de negocios.

"Share for Share": Compartir a cambio de ser Compartido

Una vez que has creado tu cuenta y hecho publicaciones, habrá gente a quienes les gustarán y/o dejarán comentarios. Contacta a esas personas y envíales mensajes, pregúntales si están dispuestos a compartir una publicación promocionando tu cuenta a cambio de hacer lo mismo por sus empresas y negocios. La mayor parte del tiempo, los negocios clandestinos o que aún no son tan populares aceptarán esta propuesta. Es como tener una publicidad paga sin tener que pagar en realidad. Tu mejor opción es buscar otra cuenta con una cantidad de seguidores similar (por ejemplo, si apenas estás comenzando y tienes alrededor de cien seguidores, busca otra cuenta con cien seguidores), eso aumentará las probabilidades de que acepten tu proposición. Puedes pedirles que compartan tu publicación a través de un mensaje en su perfil o un Mensaje Directo (el buzón de correos en la esquina superior derecha en tu aplicación Instagram). "Share for Share" aumenta la publicidad en tu perfil y puede ayudarte a obtener un compañero de negocios.

Saludos

Un saludo es una publicación agradeciendo a un cliente por algo que hizo. Si vez que alguien adquiere muchos productos en tu tienda y no les importa ser fotografiados frente a la tienda o ser mencionados en Instagram, ¡tómale una foto, súbela, y agradécele por su compra! ¡Menciona su nombre en la cuenta! Muchos clientes aprecian que te tomes el tiempo para conocerlos y brindarles tu atención.

¡Arranca Tu Negocio Con la Tendencia Más Reciente: Etiquetar ("Hashtagging")!

¿Qué son las etiquetas ("hashtags") y por qué usarlas?

Quizás te preguntes qué es una etiqueta, o tal vez ya has escuchado sobre ellas. Después de todo, una pareja llamó a su bebé "Hashtag" en el 2012. Primero fueron utilizadas en Twitter, pero también se han trasladado a Instagram. Las etiquetas son cualquier palabra después de un símbolo de "#" (el símbolo de numeral), eso coloca una publicación dentro de una categoría. Por ejemplo, el dueño de una heladería podría usar la simple etiqueta "#comida" para llamar la atención, y el Presidente de American Eagle podría crear una nueva etiqueta como "#AEO" (American Eagle Outfitters) para representar su compañía. Las etiquetas se pueden colocar en la descripción de las publicaciones de Instagram para que las personas puedan buscar publicaciones en la categoría que deseen ver. De acuerdo a un experimento y estudio de "Medición Sencilla", ¡las publicaciones obtienen un 12,6% más de actividad cuando se utilizan las etiquetas! Existen estrategias para usar las etiquetas, ¡y te enseñaremos cómo hacerlo!

¿Cuáles son los diferentes tipos de etiquetas que puedo utilizar?

Etiquetas de Marca de Fábrica (Marca)

Muchas personas sugerirían que selecciones una etiqueta popular o que esté dentro de las tendencias actuales, pero las etiquetas de marcas se quedan en la mente de tus clientes potenciales y los ayudan a recordarte. Existen algunos consejos que te ayudarán a crear una etiqueta memorable. Primero, sugerimos que sea corta y precisa. No querrás usar palabras complejas que ocasionen que tus clientes se equivoquen al escribir tu etiqueta cuando hacen alguna publicación, ¡así que asegúrate de usar palabras sencillas y fáciles de escribir! Una vez que has definido el nombre de una etiqueta, puedes usarla en Instagram y muchas otras redes sociales.

Un ejemplo de una etiqueta de marca es la campaña de Coca Cola "#ComparteUnaCocaColaCon" ("#ShareACoke"). Con honestidad, cualquiera que haya prestado atención a la comunidad de comida en Instagram probablemente conoce esta etiqueta ya que es tan sencilla y memorable. Cuando Coca Cola lanzó al mercado sus botellas y latas con el sello "Comparte una Coca Cola con", crearon esta etiqueta para que los amigos pudieran mostrarse en internet cuando alguien encontrará una bebida con el nombre de la otra persona. Poco después, la gente comenzó a publicar una gran cantidad de imágenes de Coca Colas, ¡ayudando a la publicidad de la compañía sin gastar dinero extra! Esta etiqueta es el ejemplo perfecto de una etiqueta sencilla y relevante que muchos pueden recordar. Todavía hoy, muchos años después de su lanzamiento, la gente continúa utilizando esta etiqueta para hacer publicaciones artísticas de Coca Cola en su perfil. ¡Esas publicaciones podrían hacerte desear una Coca Cola ahora mismo!

Las etiquetas de marcas son buenas si tienes una idea creativa y quieres mantener un eslogan que te haga destacar entre la multitud, pero como todo, siempre tienes la opción de utilizar otro tipo de etiqueta. Quizás desees considerar crear otra etiqueta si quieres vincularla a un descuento, concurso o alguna otra campaña.

Etiquetas de Concursos y Campañas – ¡Artículos y Publicidad Gratuita Atraen MUCHOS Clientes!

También puedes interactuar con tus seguidores y hacer que compartan tu producto en la web empleando una etiqueta de campaña. Los concursos o campañas se ofrecen con frecuencia por pequeñas empresas o marcas grandes para llamar la atención. Los premios pueden variar, desde una muestra de tu producto, dinero en efectivo, o la oportunidad de ser destacado en tu página web si tienes suficientes seguidores. ¡Esto no solo te permite exponer tu marca, sino que además crea una sensación de comunidad entre todos tus fanáticos!

Un buen ejemplo de este tipo de etiquetas es la campaña de Ben and Jerry's "Capture Euphoria" que lanzaron en el 2012. Con cientos de miles de seguidores, la cadena de helados utilizo "#captureeuphoria" para unir a los amantes de helados de todo el mundo. La idea era tomar una foto única con tu helado (fuera una selfie o la foto de alguien más), subirla en Instagram y compartir con el resto del mundo tu felicidad al comer helado. Al usar esta etiqueta, las personas que participaban tenían su foto subida automáticamente en una gran galería web. Las mejores fueron exhibidas en la cuenta oficial de Instagram de Ben and Jerry's y en los periódicos locales. ¡Las mejores veinte fotografías fueron destacadas en sus anuncios publicitarios profesionales! Aunque este concurso no ofrecía una recompensa monetaria, las personas que deseaban exhibir sus fotografía participaron, ¡tanto comprando helado de su compañía como haciendo publicidad en línea para todos sus amigos la vieran! ¡Simplemente debes crear un concurso, hacer una publicación, y tus seguidores harán el trabajo por ti!

Capítulo 2: TÚ Eres la Nueva Mariposa Social de Instagram: ¡Formas de Conectarte con Nuevos Clientes que Nunca Habrías Imaginado!

Luego discutiremos otro tipo de etiquetas con los cuales podrías estar más familiarizado.

Etiquetas de Moda – Etiquetas que Dependen de Ocasiones Especiales, La Temporada o Fecha, Etc.

Las etiquetas de moda son sencillas. ¡Son etiquetas populares para un día en particular! Por ejemplo, si vendieras bikinis con la bandera Americana para el 4 de Julio, podrías promocionar tu publicación con la etiqueta #4deJulio una semana antes de la festividad. Un ejemplo popular de esto es "#SelfieSunday" ("#DomingodeSelfie"). En internet, a muchos jóvenes y adultos les encanta publicar selfies los domingos utilizando esta etiqueta. Si tienes una empresa de ropa, puedes usar esto para tu beneficio al incluirla en tu descripción, para que así a las personas que les gusta ver las selfies del domingo de otros te puedan ver a ti también. No es buena idea usar solo esta etiqueta, ya que muchas personas la utilizan y será difícil encontrar tu publicación diez minutos después de publicarla. Sin embargo, no es mucho trabajo agregar al menos una de estas etiquetas al final de tu descripción. Quién sabe, una persona más viendo tu publicación es publicidad adicional.

Etiquetas Diarias, Comunes y Sus Usos

También existen etiquetas que todo el mundo usa. Estas son las etiquetas que no son exclusivas para las empresas, como por ejemplo "#café" o "#yoga". Aunque estas etiquetas no atraigan mucha publicidad por la cantidad de personas viéndolas, aún pueden llegar a algunas personas. Sin embargo, como empresa o negocio, debes saber que las personas que desean el tipo de producto que vendes pueden observar estas etiquetas para ver qué opciones tienen. Por ejemplo, si eres dueño de un café local, puedes tomar una foto de tu famoso mocaccino y usar la etiqueta "#mocaccino" para atraer a más aficionados del café.

Esto es Particularmente Importante para Pequeñas Empresas – ¡Uso de Etiquetas Geográficas para Tu Beneficio!

Incluso si vives en un lugar, podrías no conocer todas las pequeñas empresas en el área. Afortunadamente, al etiquetar el lugar o ciudad en la cual se encuentra tu negocio, los clientes tienen una mayor probabilidad de encontrar tu local cuando necesiten tus servicios en particular. Por ejemplo, si vives en la Ciudad de Nueva York y tienes una tienda de computadoras allí, puedes usar la etiqueta "#NYC" y hacer una publicación sobre tus servicios para que la gente local sepan dónde te encuentras en medio de una ciudad agitada y con un montón de personas. En el instante en que los locales sepan de tu negocio y se enamoren de tus servicios, hablarán sobre ello a sus amigos y correrán la voz sobre tu negocio en la comunidad. El dinero empezará a llegar por sí solo.

Entonces, ¿Cómo Encuentro Etiquetas Populares Para Usar?

Usa la pagina de "Buscar" en tu Instagram (segundo botón en la barra de herramientas inferior) para buscar publicaciones similares a las tuyas. Esta página te muestra publicaciones en función de las personas que sigues, las publicaciones que te gustan y las personas que interactúan contigo en Instagram. Aquí puedes encontrar las etiquetas que las empresas de tu entorno están utilizando, y las etiquetas que las personas vendiendo productos similares están usando. Lo cierto es que buscar las etiquetas que tus competidores están usando no solo te ayudará a determinar cuántas y cuáles etiquetas usar, sino que también te dará la oportunidad de ver los productos de otros y ver de qué forma puedes mejorar el tuyo.

¿Cómo Puedo Ver Si Mi Etiqueta Está Funcionando?

Cuando alguien publica una descripción con una etiqueta, la etiqueta siempre aparece en color azul, en vez de negro. Esto se debe a que es un enlace. Una vez que haces clic en la palabra etiquetada, ¡podrás ver todas las publicaciones que asociadas a esa etiqueta! Esto es de gran utilidad si estás haciendo seguimiento a una etiqueta que creaste específicamente para tu marca o para un concurso.

¿Cuántas Etiquetas Puedo Utilizar?

¡Puedes utilizar tantas como quieras! Muchas personas utilizarán de una a cinco para evitar hacer "spam" con una etiqueta.

Las etiquetas son una manera de aumentar la visibilidad y atraer personas con un interés en común a tu empresa, ¡sin costo alguno!

Mencionar, Etiquetar y Mensajería Directa (También conocido como "DMing"): ¡Hazle Saber a tus Fanáticos y Socios que los Aprecias!

Ahora que estamos en el tema de las descripciones (con etiquetas), también es importante tomar en cuenta que "mencionar" o "etiquetar" a tus seguidores en tus publicaciones pueden aumentar tu visibilidad y hacerte más accesible como empresa.

Al publicar una imagen, hay una opción llamada "Etiquetar Personas". Aquí regresas a la imagen y puedes tocar un rostro u objeto para etiquetar otra cuenta, haciéndoles saber que has hecho una publicación. Puedes etiquetar personas en fotos y etiquetar clientes leales en una publicación relacionada a un producto. Es tu elección, pero esta herramienta te permite mostrar a todos las personas relacionadas con tu publicación.

Mencionar es otra opción que puedes emplear como un especialista en marketing de Instagram. Al escribir una descripción o comentario en tu propia publicación o en la publicación de alguien más, puedes presionar la tecla "@" y continuar con el usuario de alguien para mencionarlo. ¡Esto te permite notificar a otra persona que necesitas decirle algo!

Finalmente, hay un pequeño ícono cerca de la esquina superior derecha de tu pantalla llamado "Mensaje Directo". Puedes usar esta función para enviarle mensajes privados a quien quieras. Puedes utilizarlo para hablar sobre negocios con empresas asociadas, o para responder preguntas a clientes fieles o nuevas personas.

Capítulo 2: TÚ Eres la Nueva Mariposa Social de Instagram: ¡Formas de Conectarte con Nuevos Clientes que Nunca Habrías Imaginado!

Instagram Live (en Vivo): Es como la TV, Pero Solo Para Tu Empresa

¿Te gustaría si la gente pudiera ver lo que está haciendo tu empresa o negocio a una hora específica? ¿O si tu empresa pudiera tener su propio programa como *The Bachelorette o Grey's Anatomy*? Esto es posible gracias a una característica agregada en el 2016, llamada *Instagram Live*. Al desplazarte a la izquierda y luego cambiar a la opción "vivo", puedes crear y transmitir un video a tus seguidores. Instagram notificará a tus seguidores que estás haciendo una transmisión en vivo. Mientras transmites, las personas que están viendo el video pueden comentar o preguntar, y darle "me gusta" a lo que estás haciendo. Ahora probablemente te preguntas el porqué se necesita transmitir en vivo para promocionar tu negocio o empresa. Para empezar, con este método se aumenta tu visibilidad/publicidad y te hace destacar ante la competencia. También puedes entablar una relación cercana y personal con tus seguidores. ¡Hay un montón de cosas que puedes hacer con la función Instagram Live!

Aquí hay unas cosas que deberías hacer antes de comenzar una transmisión en vivo con Instagram Live:

- Conocer la información acerca de tu empresa. Si alguien te hace una pregunta, debes estar preparado para responderla completamente. Si tienes un empleado que maneja esta información, también puede encargarse de esta tarea. ¡Conoce tus productos de pie a cabeza!

- Vístete profesionalmente para que las personas te tomen en serio.

- ¡Debes hacer publicidad antes de iniciar la transmisión! Publica o promociona la transmisión a las personas que conoces y estén cerca. No querrás comenzar una transmisión en vivo, tomarte el tiempo para hacerlo, y que nadie la vea.

- Si se trata de un tutorial o de un tour sobre tu empresa, ¡ensaya lo que dirás! Prepárate como si estuvieras dando un discurso público a miles de personas porque eso es básicamente lo que estás haciendo (solo que por internet). ¡Recuerda que tú eres el representante de tu empresa cuando estás en vivo!

A continuación verás algunas formas de sacar provecho a esta herramienta...

Inicia Sesiones de Preguntas y Respuestas y Pregúntale a los Clientes que Desean

La magia de Instagram Live es que permite conectarte con tus fanáticos o seguidores cara a cara. Esto significa que no tienes que pasar por correos electrónicos, mensajes de texto, llamadas o enviar fotos y videos solo para responder una pregunta. Pueden comentar la pregunta durante la transmisión en vivo, y responderla allí mismo. Entonces no serán los únicos en tener la respuesta a esa pregunta, sino que otros se beneficiarán también. A menudo los clientes te dejarán un "corazón" que representa un "me gusta", cuando sus preguntas sean respondidas. Antes de la sesión de Preguntas y Respuestas, puedes hacer una publicación para informar a tus clientes y socios acerca de la fecha y hora en la que harás la transmisión. Instagram Live (, a diferencia de las historias de Snapchat o de Instagram) no tiene un límite de tiempo mínimo o máximo. Esto significa que la sesión puede durar el tiempo que desees. Y además, hay un registro de cada persona que vio tu video. De esta forma puedes saber quién está realmente interesado en tu empresa y/o en los productos que estás vendiendo. Esto te ayudará a determinar tu público y hacer seguimiento a los clientes leales.

Sesiones de Guías Practicas y Otros Tutoriales para Empresas de Cocina, Tutorías, Entrenadores Deportivos, Profesores de Música, etc. – ¡Capturando Tu Trabajo en Acción!

Este está dirigido mayormente a quienes ofrecen servicios en lugar de productos. Con frecuencia, la gente antes de escoger los servicios que ofrece una persona, da un vistazo para ver quién es el mejor en lo que ofrece. ¡Muéstrales a tus clientes lo que tienes! Haz que se enamoren de la forma en la que haces las cosas y que te paguen por enseñarles cómo hacerlas.

Por ejemplo, si eres entrenador de un club de fútbol, puedes transmitir un video de una práctica y así las madres podrán ver cómo enseñas a los niños antes de que decidan inscribirlos en tu programa durante un año. Si eres una estilista profesional en Sephora, puedes grabar a un cliente (con su permiso) y mostrarle a todos lo que puedes hacer. Si haces un buen trabajo, las chicas irán corriendo a tu puerta para que hagas el maquillaje para su boda, graduación o evento especial. Si eres dueño de un negocio de comida y quieres hacer un video especial para enseñar a tus clientes cómo hacer un plato específico, puedes transmitir en vivo el proceso de preparación. Si tienes un trabajo como tutor o maestro, puedes transmitir un video dando una clase para que las personas puedan ver tu estilo y decidir si les gusta tu forma de enseñar. Esto permite a las personas obtener una sensación personal acerca de tus servicios aun cuando no están contigo.

Para hacer esto, necesitarás tener tu teléfono en un lugar fijo, como un soporte o trípode. A pesar de que probablemente necesites comprar un trípode, hay muchos beneficios en esta inversión. Las personas conocen con exactitud lo que están adquiriendo, ¡así que están más inclinados a escogerte por encima de alguien de quien no saben nada!

¡Presenta un Producto Nuevo a través de Instagram Live!

Los clientes no siempre se percatan de los nuevos productos, incluso si los colocas en la tienda. Sin embargo, la mayoría de las personas revisan el internet todos los días. Con Instagram Live, cada seguidor es notificado de la transmisión en vivo, así que es sencillo informar a las personas todos los detalles acerca de un producto que de otra forma habrían pasado por alto. La función de comentarios les permitirá a las personas interesadas preguntar lo que deseen conocer sobre tu producto, ¡y podrás presentarlo de la manera más sencilla! Esto puede hacer que la comunidad hable de tu producto, y ¡no es menos efectivo que cualquier comercial que puedas ver en televisión! Incluso puedes dar tu número telefónico y permitirles comprar el producto directamente y al instante, o puedes vincularlo a un sitio web que les permita hacer pedidos si eres capaz de enviar los paquetes a sus casas. De lo contrario, siempre pueden recogerlos en la tienda. Si estas vendiendo juguetes, ¡adelante, muéstrales a las personas todas las nuevas funciones! Si estas vendiendo maquillaje, ¡busca una modelo y aplica ese lápiz labial en ella! ¡Una vez que vean tu producto en uso quedarán maravillados!

¡Descuentos, Descuentos, y más Descuentos! Cómo Usar el Amor de las Personas por las Ofertas, ¡y Convertirlo en Ganancias!

¡Gasta cincuenta dólares en una tienda y obtén diez dólares de descuento! ¿Quién compra un montón de cosas que probablemente nunca usará cuando hay un cupón de por medio? Seamos honestos, todo el mundo lo hace. Con Instagram Live, de vez en cuando, puedes ofrecer a tus clientes un código de descuento que solo pueden obtener cuando ven tu historia en vivo. Cuando la gente escucha acerca de esto (y no saben cuando se hará entrega de un cupón nuevo), ¡verán tu historia cada vez que transmitas en vivo! Esto te da la oportunidad de atraer más espectadores a tu historia, aumentando tu publicidad.

"Es una Vida Dura para Nosotros" - Muestra a Tus Clientes tu Trabajo Diario - ¡Has tu Negocio más Accesible!

¿Te has preguntado qué hace un negocio tras cámaras? Los clientes nunca dejan de pensar sobre el proceso de fabricación de los productos que compran. ¡Puedes usar esto para atraer su atención en tu historia de Instagram! ¡Siempre es interesante conocer a las personas que manejan un negocio! Es como la bienvenida en un concierto – haz que tu negocio parezca divertido y accesible, ¡y deja que las personas sepan lo que haces a diario! Cuando haces esto, es más probable que los clientes te vean más como una empresa o negocio amigable, y menos como alguien que solo está detrás de su dinero. Esta es una experiencia muy aleccionadora, y no tienes que preocuparte sobre una filtración de información, ¡porque no es una grabación sino una transmisión en vivo! ¡Quizás a la gente le guste como manejas tu negocio tanto que querrán ser tus futuros empleados! Nunca se sabe.

Recuerda que Instagram Live aumenta tu visibilidad y publicidad. Con tantas personas conociendo tu empresa, ¡se incrementarán tus ventas si sabes cómo usar esto apropiadamente! Pero si prefieres que tu anuncio de transmisión en vivo este por más de una hora, tal vez quieras considerar las Instagram Stories (Historias de Instagram).

Instagram Stories: Un Anuncio de Veinticuatro Horas

¿Qué tal si deseas publicar algo en tu feed pero no sientes que es suficientemente importante? Instagram notó este problema, y crearon una función llamada Instagram Stories (Historias). Esta característica fue añadida a Instagram en el 2016. Haciendo de Instagram algo parecido a la aplicación Snapchat. Si hay algo que deseas compartir, pero crees que no es tan relevante como para estar en una publicación individual, publicar una historia es la alternativa perfecta.

Cómo Funciona

Los videos que publicas pueden tener una duración máxima de quince segundos, pero pueden ser más cortos si así lo deseas.

Capítulo 2: TÚ Eres la Nueva Mariposa Social de Instagram: ¡Formas de Conectarte con Nuevos Clientes que Nunca Habrías Imaginado!

Puedes publicar tantas fotos y videos como quieras. Lo que publiques estará en línea por veinticuatro horas. Si crees que la foto o video original no es tan interesante, puedes agregar filtros y stickers, texto, emoticones, o algún dibujo. Lo que publiques estará en la barra superior de tus seguidores en la aplicación de Instagram, y lo pueden ver o ignorar si así lo desean. En los primeros seis meses del lanzamiento de "Historias", ciento cincuenta millones de personas ya habían esta función. Y su popularidad ha aumentado tanto que quizás ya haya sobrepasado los inicios del Snapchat.

¿Cómo Puedo Publicar una Historia?

Así es como publicas una historia en Instagram: Ve a la aplicación y desplázate a la derecha en tu página de inicio. Allí podrás acceder a la cámara de historias. Puedes publicar una foto normal de un producto para promocionarlo, o puedes ir a "Boomerang" y publicará tu foto en pequeños fragmentos con un efecto escalonado para un look dramático. También hay un botón de rebobinar si deseas reproducir un video en reversa solo por diversión, y una opción para grabar a manos libres. Cuando termines, puedes darle al botón siguiente y enviarlo a tu historia, y ya está listo. También puedes desactivar el flash si estas tomando fotos de equipos electrónicos o a la luz del día. Y si no te gusta la publicación, puedes darle al botón X y comenzar nuevamente.

- Filtros: Puedes deslizarte a la derecha después de tomar la foto y agregar un filtro. Estos suelen pulir la imagen y si es una foto de tus empleados, ¡seguramente te lo agradecerán!

- Opciones de Dibujo y Creatividad: Para dibujar sobre tu imagen o agregar algún comentario con tu propia letra, puedes hacer clic en el ícono que parece una pluma en la esquina superior derecha de la página. Una vez que estas allí, puedes seleccionar cualquier color y decidir qué hacer.

- Agregar Fuentes o Texto: Presiona el botón "Aa", ¡ahora puedes añadir pequeñas descripciones sobre tu imagen! Puedes colocarla en cualquier lugar de la imagen.

- Stickers: ¡En Instagram hay una gran variedad de stickers para escoger! Existen más que solos tradicionales emoticones a tu disposición. También los hay de acuerdo a tu ubicación, la hora y mucho más.

- En el futuro, ¡serás capaz de agregar ENLACES a la imagen en tu historia! Por ahora, esto se encuentra en prueba beta y solo está disponible para ciertas cuentas.

Instagram Stories puede ser utilizada para lo mismo que Instagram Live. Quizás sea más sencillo comenzar con promociones o cupones mediante las Historias, ya que solo permanecen por veinticuatro horas.

Ahora conoces las bases necesarias para interactuar con tus clientes en línea. Con las personas adecuadas administrando tu cuenta de Instagram, puedes presentarte como un negocio amigable y accesible, y promocionar nuevos productos,

Capítulo 2: TÚ Eres la Nueva Mariposa Social de Instagram: ¡Formas de Conectarte con Nuevos Clientes que Nunca Habrías Imaginado!

servicios, u ofertas disponibles. Sin embargo, a pesar de todos los beneficios del marketing en línea, a veces es necesario pagar publicidad para promover tu negocio en su etapa inicial. En el próximo capítulo, te enseñaremos a navegar por el mundo de la publicidad paga en Instagram, te informaremos sobre los costos y sus beneficios, y mostraremos los deferentes tipos de anuncios que puedes crear.

Capitulo 3:
Publicidad Paga: Cuando invertir Algo de Dinero se Transforma en Grandes Ganancias para Ti

Instagram ofrece un mundo de posibilidades en cuanto a publicidad mediante sus opciones pagas. Lo bueno de la publicidad paga es que cada anuncio se incorpora al "feed de noticias" de la persona, haciéndolo difícil de ignorar cuando parece una publicación normal. Además, Instagram es muy inteligente. Una vez que has pagado por un anuncio, se aseguran de que tu publicidad llegue a tu "público meta", o a los tipos de persona que deseas alcanzar (¡claro, para llevar al máximo las ganancias de tu negocio!).

No hay otra cosa en lo que desees invertir más tu dinero que en un anuncio de Instagram. Ya la gente muy rara vez lee periódicos o revistas, y la mayoría de las personas usan el internet para comprar lo que necesitan. Esto facilita hacer publicidad en las redes sociales, que sigue siendo más económico que los anuncios en los periódicos. Lo cierto es que si deseas gastar dinero en una red social, es mejor para ti hacerlo en Instagram. Estudios han demostrado que tiene la comunidad más activa, sobrepasando a Facebook y Twitter.

Aunque, debes recordar que Facebook adquirió Instagram hace cinco años, así que cada anuncio en Instagram pasa por el

Administrador de Anuncios de Facebook Afortunadamente para ti, el Administrador de Anuncios de Facebook tiene un proceso muy sencillo, y toma solo unos minutos realizar un anuncio.

Existen diferentes tipos de anuncios, ¡por lo que voy a mostrarte cada uno de ellos antes de enseñarte cómo ponerlos en marcha!

1) Anuncios de Fotos: Estos anuncios son promocionados tanto con una descripción como con una imagen natural o editada/creativa de tu elección. Estos son los tipos de anuncios más básicos, y puedes crear uno a través de cualquier aplicación para cámaras o de edición de fotos.

2) Anuncios de Videos: Puedes crear un video de hasta sesenta segundos para reproducir como un anuncio. Se integrará con las demás publicaciones (de quienes sigan) que la persona ve. Estos videos pueden estar acompañados con audio, así podrás describir un producto en su totalidad o preguntar a tus seguidores cómo mejorar tu empresa.

3) Anuncios por Secuencia: ¿Una sola imagen no es suficiente para describir los objetivos de tu empresa o para promocionar tu oferta actual? ¡Crea un anuncio por secuencia, donde puedes publicar hasta diez imágenes en una sola publicación! De todas formas, es mejor seleccionar los Anuncios por Secuencia solamente porque te permite publicar múltiples

imágenes. ¡Esto te ayudará a sacar el mayor provecho de lo que pagas!

4) Anuncios en Instagram Stories (Historias): Son similares a las historias de Snapchat. Cuando navegas por las historias de tus amigos, puedes encontrar una historia "Patrocinada" que parece salir de la nada. Estas son anuncios de historias pagas, y puedes crear una para tu empresa o negocio también. De esta manera, todos pueden ver tu anuncio antes de ver la historia de su amigo.

Cómo Crear un Anuncio en Instagram

Antes que nada, necesitas crear una Página en Facebook. Esto puede hacerse a través de tu cuenta personal de Facebook, y esta página estará vinculada a tu cuenta empresarial de Instagram. Es difícil indicarte un precio definitivo de lo que tu anuncio costará ya que depende del objetivo final de tu anuncio y de a quién está dirigido.

Hay dos formas populares que las personas utilizan principalmente para comenzar a crear anuncios en Instagram.

- El Administrador de Anuncios (en Facebook). Esta es una guía paso a paso en Facebook que te ayuda a generar un anuncio. Por una parte, te preguntará acerca de tu "objetivo de marketing". Puedes elegir si deseas difundir el nombre de tu marca o si dejas que el anuncio "llegue" a nuevas personas que no lo han visto antes. Luego debes decidir el objetivo principal de este anuncio y más. ¿Quieres que las personas vayan a un enlace diferente y no a Instagram (por ejemplo, a una página de ventas)? En ese caso, selecciona "Traffic Ad" (Anuncios para aumentar tráfico en el sitio web). También puedes dirigir el anuncio a un espacio donde la gente hable más sobre el producto mediante comentarios, "me gusta" y "compartir", a esto se le conoce como Compromiso, si deseas esto, selecciona "Engagement Ad" (Anuncios de Compromiso). Existen muchas más opciones, pero una vez que has seleccionado la tuya, ¡es momento de crear el anuncio! Te pedirán que suministres alguna información, incluyendo tu dirección, la moneda que usas, y la zona horaria donde te encuentras. Esto es para que puedan ajustar tus anuncios al público adecuado. Hablando de tu público, el próximo paso es seleccionarlo. Puedes enfocarte en la ubicación, edad, y género, de las personas que desees que vean tu anuncio. También puedes escoger dirigir el anuncio a las personas de acuerdo a tu idioma. Quizás la herramienta más útil para este Administrador de Anuncios es la función "Segmentación Detallada". Aquí puedes adaptar el anuncio para cualquiera con un interés específico. Por ejemplo, McDonald's adapta sus anuncios para "amantes de la comida rápida" o "amantes de las papas fritas". También puedes enviar el anuncio a personas que les guste otra página específica. Esto te da una ventaja sobre tus competidores porque si tu negocio es otro café local, puedes promocionar tu anuncio a todos los que dieron "Me Gusta" al perfil de Starbucks' en Instragram. Lo más importante viene luego. Ahora debes establecer tu presupuesto. Por ejemplo, puedes establecer un presupuesto diario de diez dólares para que tu empresa nunca gaste más de diez dólares al día en publicidad. Esto te ayudará a ahorrar dinero y lograr visibilidad para tu empresa al mismo tiempo, buscando la forma más eficiente de comenzar un negocio. Después de eso, vincula tu cuenta en Instagram con tu Página en Facebook, ¡y listo! ¡Tu anuncio está publicado y las personas empezarán a ver tu empresa en muy poco tiempo!

- El "Power Editor": Esta opción también se encuentra en Facebook, y es muy sencilla de usar. Una vez que accedes al Power Editor, presiona "Crear Campaña". Ingresa tu información y básicamente te lleva de vuelta al Administrador de Anuncios. Luego ingresas toda tu información y presupuesto, justo como en el Administrador de Anuncios normales. La mayoría de las personas usa el Power Editor para manejar distintos anuncios a la vez.

Consejos para Sacar Provecho a los Diferentes Tipos de Anuncios

1) Para anuncios de fotos, asegúrate de que sean sencillos y directos. En una imagen no hay mucho espacio para expresar tu mensaje, así que menos es más. Agrega stickers, escritos y texto, pero no los hagas tan grandes y desconcertantes que desvíen la atención de tu producto.

2) Coloca un enlace en tu anuncio, y vincúlalo directamente a la página web de tu empresa. Ve a tu

anuncio y presiona "Promocionar", y paga para colocar el enlace a tu página web en el anuncio. Esto permitirá a las personas ir directamente a la página para comprar tu producto si les ha gustado.

3) Usa anuncios por secuencia para contar una historia. Hazlo interesante. Nadie quiere escuchar sobre una herramienta de limpieza y cómo se ve, pero si cuentas una historia como una madre soltera con tres niños la utilizó para simplificar su ajetreado horario, de la nada, la gente sentirá empatía por ella, y prestará más atención a tu producto.

4) La gente pasará de largo tu anuncio si es descarado, de la misma forma que colgamos una llamada para vender un producto de manera agresiva. Integra tu anuncio con el feed del Instagram de las personas y haz que se mezcle.

5) Mantén consistencia en tus anuncios y que se vean similares. Ayuda a tu marca que las personas vean una imagen y sepan que es de tu empresa o negocio.

6) Usa Videos. No muchas personas tienen el tiempo y la paciencia para crear un video, eso hace que los videos se destaquen de entre miles de fotos por las que se pasean las personas cada día. Los videos son muy útiles —si vas a gastar dinero en tu anuncio, entonces muéstrale a tus clientes lo que tu producto puede hacer. Pon a prueba esa bicicleta eléctrica y graba a un montón de modelos divirtiéndose mientras viste tu marca de bikini. Cuando

la gente ve a otros pasar un buen rato con tu producto, ¡estarán más inclinados a comprarlo!

7) Agrega un botón de Llamada a la Acción - Una Llamada a la Acción (Call To Action) es un truco sencillo que puedes añadir a tus anuncios para permitir a los clientes presionar un botón e ir directamente a una página web o una página para descargar una aplicación. No tienes que decirle a las personas que visiten el enlace en tu biografía para una promoción. ¡Activa una llamada a la acción y un simple botón los llevará al enlace!

8) ¡Utiliza Etiquetas! También necesitas usar etiquetas en los anuncios, no solo en las publicaciones normales. De esta forma, le recuerdas a las personas la etiqueta de tu marca, o pueden encontrarte mediante una etiqueta común. ¡Siempre es bueno incluir una etiqueta!

Capítulo 4:
¡Magia De Fotos y Videos! Cómo Vender Tu Producto Usando El Súper Poder de la Edición

Seamos honestos. De la misma forma que a nadie le gusta ver una stripper fea, nadie quiere ver anuncios simplones y repetidos. Parte de vender tu producto es empacarlo de la manera correcta, parte de tener un anuncio exitoso en Instagram es hacerlo bien. Es por esto que la edición de fotos y videos es tan importante en esta era tecnológica. Si no se ve bien, muchos clientes ni siquiera le darán la oportunidad a tu producto antes de mandarlo a la basura. Este capítulo te enseñará las bases de la edición de fotos y videos a través de algunas aplicaciones populares gratuitas, que ayudarán a que tu producto se vea lo más prolijo posible. Cuando sabes cómo vender tu producto, las personas se suscribirán constantemente para obtenerlo.

Existen muchas aplicaciones para editar fotos. Claro, no quieres editarla al punto en que la gente no pueda reconocer al modelo que está usando tu ropa o producto. Sin embargo, una edición adecuada puede hacer que tus productos se vean de mayor calidad.

Comenzaremos con VSCO, la aplicación de edición de fotos más popular en la comunidad de Instagram. Esta aplicación está disponible tanto en la Apple Store, como en Google Play Market. ¡Lo mejor es que es totalmente gratuita! Aunque algunos ven esta aplicación como un blog de fotografías solamente, tiene diversas opciones para editar fotos que pueden ayudar a dar un look profesional a tu producto o servicio. Ni siquiera necesitas acceder a la parte de blog. Cuando abras la aplicación por primera vez, crea una cuenta para acceder a todas sus funciones. Luego aparecerá una ventana con un símbolo positivo (+). Presiona el símbolo + para importar tu foto, y comenzar a hacer la edición. Cuando tu foto es subida, selecciónala y luego presiona el botón con dos líneas en la equina inferior izquierda. Esto inicia el proceso de edición.

- FILTROS: Son especialmente útiles si estás promocionando una empresa de moda (como una agencia de modelaje) o una empresa de viajes que requiere tomar fotografías escénicas del mundo. Al principio cuando subes la imagen en el editor, esta es la primera función a la que te llevará. Debes seleccionar uno que funcione y luego hacer clic en el. Luego elige la intensidad de la imagen. Los círculos a la izquierda significan que el filtro es más tenue, y los círculos a la derecha significan que es más intenso. Elige la que más te guste. Hay una serie de filtros gratuitos disponible en VSCO, pero si deseas los otros debes pagar.

- BRILLO Y CONTRASTE: Presiona nuevamente el botón con dos líneas y haz clic en Contraste. Esto te permitirá cambiar la intensidad de la luz en algunas partes de la imagen y viceversa. Debes aumentar esto si deseas que tu producto principal resalte en la imagen.

- EXPOSICIÓN: Este es básicamente para añadir una luz blanca / luz solar a una imagen. Esto puede ser necesario si estás tomando una foto de una playa soleada y deseas un efecto más dramático. Cuando termines, presiona la marca de verificación y ve a la siguiente función.

- ENDEREZAR: Puedes ajustar la imagen si la tomaste con un pequeño ángulo y corregir esto al instante. ¡De esa forma, tu producto está en el centro y nada distraerá al espectador! Simplemente mueve la barra de izquierda derecha para enderezar tu imagen.

- PERSPECTIVA HORIZONTAL/VERTICAL: Esto es similar a la herramienta para enderezar. Se enfoca en el ángulo en que tomaste la foto.

- RECORTAR: ¡Esto es muy importante para los anuncios de fotos! Puedes usarla para recortar las fotos al tamaño de Instagram. Aunque Instagram suele tomar anuncios de diferentes tamaños, es mejor usar el tamaño tradicional.

- HERRAMIENTAS DE ACLARADO, ENFOQUE y SATURACIÓN: Estas sirven para agregar color y hacer que tu anuncio sea más claro de lo que podría haber sido.

- VIÑETA: Esto añadirá un efecto dramático a tus fotos de viajes si estás en ese negocio, o quizás a la fotografía de un elegante restaurant o un servicio de modelaje. Utiliza esto para tu beneficio ya que agrega un pequeño borde oscuro a la imagen Esto hace que te enfoques en el objeto central.

El resto de las herramientas de VSCO no son realmente importantes para la edición de anuncios fotográficos, pero ten en mente estas herramientas y estarás listo. No querrás modificar la foto al punto de que se vea completamente falsa y opuesta a lo que intentas vender. Pero estas herramientas pueden ayudar a mejorar tu producto lo suficiente para que quien estuviera pensando en adquirir tu producto o servicio, podría terminar de tomar su decisión y comprarlo.

También existe otra aplicación que puedes usar. Aunque tiene un costo de cuatro dólares aproximadamente, esta aplicación permite editar tus fotos y colocar texto en ellas también. La buena noticia que es coloca el texto por ti de forma creativa, y no tienes que invertir mucho tiempo editando la foto. Esta aplicación se llama "Over" y está disponible tanto para Android como iPhone. Esto es principalmente una aplicación de tipografía o un editor de texto, también puede ser muy útil si intentas diseñar un anuncio pago.

Si prefieres una aplicación sencilla que se enfoque más en brillo y contraste, quizás prefieras una aplicación llamada Afterlight. Disponible para iOS, Android y Windows. Esta aplicación te permite cambiar el color, saturación y el ángulo de la imagen de una forma excelente. Solo cuesta noventa y nueve centavos.

Tener un Estilo Consistente para tu Empresa o Negocio en Instagram

Aunque es divertido experimentar con distintos filtros y fuentes, puede tornarse un tanto irregular si estás tratando de desarrollar tu marca. Será difícil para la gente reconocer tus publicaciones entre la multitud, y no serán tan memorables si solo editas a tu antojo. Para tener un cierto look característico, tienes que diseñar tu feed de Instagram de la misma forma que harías con una habitación en tu casa. Todo debe verse impecable y tener cierto estilo. ¡Lo bueno es que puedes elegir tu estilo!

En primer lugar, debes decidirte por un "tono" o "sensación" específica para toda la página. ¿Quieres que sea alegre o sombrío? Esto realmente depende del tipo de producto que vendes. Por ejemplo, si tienes una tienda de productos de belleza y maquillaje, probablemente no deberías tener una página con una vibra escalofriante como una casa embrujada.

Luego debes elegir algunos filtros característicos que usarás para tu empresa. No significa que debes escoger solo uno, pero probablemente sea mejor si cada una de tus publicaciones es refinada usando uno de los cinco filtros para mantenerlo sencillo y memorable. Si lo deseas, puedes dejar a un lado los filtros y adoptar un look natural en las fotografías.

Con textos, puedes crear una marca de agua empresarial si lo deseas. Si es mucho trabajo, podrías considerar mantener las fuentes en tus publicaciones con las mimas dos o tres fuentes para que tus publicaciones conserven un estilo único.

Finalmente, deberás elegir un esquema de colores. Idealmente, debe ser los colores de tu empresa, pero intenta ser constante con esto. De esta forma, si alguien ve esos colores juntos, recordarán automáticamente tu producto y empresa. ¡La idea es no entretenerte tanto con la edición que no puedas mantener un estilo reconocible!

Conceptos Básicos de Adobe Photoshop

A veces, un programa de edición en un teléfono celular no es suficiente, y deseas crear un anuncio más artístico para un producto o evento especial. Adobe Photoshop es el programa principal de edición fotográfica si quieres crear los anuncios más hermosos. La desventaja es que el programa es costoso, pero si tu empresa puede costearlo, es una muy buena herramienta para crear anuncios. El programa tiene una versión de prueba gratuita de treinta días, en caso de que solo te interesa hacer unos pocos anuncios oficiales y nunca más usar el programa después de eso.

Así es como se utilizan algunas de las funciones básicas ubicadas en la barra de herramientas de Adobe Photoshop.

- HERRAMIENTA DESPLAZAMIENTO (Presiona la letra V en el Teclado para activarla) – Esta función tiene la forma de un puntero y unas flechas de movimiento. Haz clic en esta y puedes arrastrar cualquier cosa en tu pantalla y moverla a otro lugar.

- HERRAMIENTA RECORTAR (Presiona la letra C en el Teclado para activarla) – Esta función tiene la forma de un cuadro con los bordes largos y una diagonal atravesándolo. Ingresa las dimensiones que deseas una vez que presionas este icono, y la acción se ejecutará. Esto es útil para hacer que todos tus anuncios tengan el tamaño perfecto para Instagram.

- LA VARITA MÁGICA (Presiona la letra W en el Teclado para activarla) – Esta función tiene la forma exacta de una varita. Sirve para eliminar cualquier cosa alrededor de un punto con un color similar. Esto es útil si deseas reemplazar un color por otro o cambiar el fondo en una imagen.

- TAMPÓN DE CLONAR (Presiona la letra S en el Teclado para activarla) – Esta función tiene la forma de un sello. Lo puedes utilizar para remover a alguien de una fotografía (como un photobomber que interfiere con la imagen de tu producto). Toma el fondo alrededor y hace que un área de la imagen se combine con el fondo.

- OPCIÓN PINCEL Y LÁPIZ (Presiona la letra B en el teclado para activarla).

- BORRADOR (Presiona la letra E en el teclado para activarla) – Se explica por sí misma. Puedes mover el ratón sobre lo que desees borrar, y listo.

- BOTE DE PINTURA (Presiona la letra G en el teclado para activarla) – Esta función tiene la forma de un bote de pintura derramada. Puedes utilizarla para rellenar el fondo con un color sólido o degradado (como pasar de blanco a verde, o de azul a púrpura, etc.).

- HERRAMIENTA TEXTO (Presiona la letra T en el Teclado para activarla) – Para empresarios como tú, esta quizás sea la herramienta más importante que puedes usar en un anuncio. Esta función tiene la forma de una "T" grande en la barra de herramientas. Puedes seleccionar la fuente que desees, el tamaño y girarlo como te parezca. Esto es muy útil si deseas colocar el nombre de tu empresa, producto o la promoción directamente en tu imagen, en lugar de colocarlo en una descripción que tal vez la gente no lea.

- HERRAMIENTA FORMAS (Presiona la letra U en el Teclado para activarla) – Esto te permite crear figuras geométricas con las cuales diseñar tu anuncio. Tiene la forma de un rectángulo en la barra de herramientas.

- HERRAMIENTA LAZO (Presiona la letra L en el Teclado para activarla) – Esta función tiene la forma de un pequeño pájaro de papel intentado volar. Esta función te permite "esconder" o seleccionar un objeto con forma extraña y sacarlo de la imagen seleccionando alrededor de sus esquinas. Esta herramienta es más difícil de usar pero muy gratificante si sabes cómo usarla bien.

- HERRAMIENTA MANO (Presiona la letra H en el Teclado para activarla) – Es lamentable admitir que algo tan sencillo pudiera ser la herramienta más útil de Photoshop. Se ve exactamente como suena –tiene la forma de una mano de Mickey Mouse gigante. Puedes usar esta herramienta para tomar cualquier cosa que hayas hecho y removerlo de la imagen si no te gusta dónde está ubicada. También puedes mover las cosas con esta herramienta.

- HERRAMIENTA ZOOM (Presiona la letra Z en el Teclado para activarla) – Esta función tiene la forma de una lupa. Te permite ver las cosas más pequeñas en la imagen. Puedes usarla para editar los detalles más delicados de una imagen.

Existen muchas otras herramientas en Photoshop y toma años dominarlas, pero si conoces estas herramientas estarás listo para hacer un simple anuncio.

Finalmente, un truco más para trabajar con Instagram. Ahora que se puede ampliar las fotos, una imagen de tu producto se puede ver muy bien si tienes que hacer zoom para ver cómo es realmente. Esta es una forma diferente de hacer publicaciones y captar la atención si sabes hacerlo correctamente.

¡Ahora que sabes cómo hacer que tus anuncios se vean bien y cómo empaquetarlos, necesitas saber cuándo publicar esas fotos en las que trabajaste tanto!

Capitulo 5:
¡Demografía, Ubicación y el Momento Oportuno! Dirígete a las Personas Adecuadas y Estarás Listo.

¿Cuándo debo hacer una publicación? ¿Sabrán las personas a mi alrededor que he hecho una publicación? ¿Cuándo están viendo realmente sus aplicaciones de redes sociales? ¿Acaso estoy siendo insoportable y hago demasiadas publicaciones? Todas estas son preguntas que necesitan una respuesta para poder identificar cuándo hacer una publicación, y sacarle el máximo provecho a tu marketing/campaña publicitaria.

Ante todo, necesitar saber cómo hacer seguimiento para ver qué tan bien funcionan tus publicaciones. Cuando accedes a Instagram, presiona el quinto botón (el último a la derecha) en la barra de herramientas inferior. Esto te llevará a tu perfil. Debes hacer clic en ese botón y luego ir a la parte superior de la barra de herramientas donde está tu usuario. Junto a tu usuario, debe haber unas barras (un ícono que se ve como un gráfico de barras). Presiona ese icono. Este es tu botón de "Instagram Insights", y te mostrará mucha información acerca de tus seguidores y su compromiso. Te mostrará qué tan bien están funcionando tus publicaciones e historias, y qué tipo de personas (género, edad, ubicación) las prefieren más. Esto te ayudará a decidir a quiénes enfocar tus anuncios y productos la próxima vez. Allí puedes ver tus impresiones, que es el número de personas que han visto tus publicaciones, incluso si no han hecho nada.

Con honestidad, no basta con solo conocer la demografía de tus seguidores. Quizás no sepas esto, pero puedes utilizar tu ubicación geográfica para impulsar tus ventas y ganar publicidad en Instagram.

El Mundo de las Etiquetas Geográficas: Geotagging

Cada celular tiene un localizador dentro de él. No es una conspiración gubernamental. En realidad se trata de un chip GPS que te ayuda a navegar el mundo en que el vives. Gracias a esto, "geo tagging" (hacer etiquetas geográficas en) tus publicaciones de Instagram es sencillo. Geotagging es básicamente un término elegante usado para compartir tu ubicación con alguien más (tus coordenadas de latitud y longitud en un mapa). No te preocupes por divulgar tu ubicación accidentalmente, ya que Instagram no la compartirá en tus publicaciones a menos que tú lo decidas.

Entonces ¿Cómo agregas una geotag a una publicación? Aunque no lo creas, es algo muy sencillo. Cuando subes una foto, puedes presionar inmediatamente "Agregar Ubicación" y seleccionar una ciudad o lugar. Tu ubicación aparecerá como texto debajo de tu usuario en tu publicación actual.

¡Esto es muy conveniente ya que puedes hacer clic en esa ubicación y ser dirigido inmediatamente a todas las diferentes publicaciones que se han hecho antes en ese lugar! Esta es una gran herramienta.

Sin mencionar que puedes listar tu empresa como una etiqueta geográfica. Cuando presionas "Agregar Ubicación", selecciona el botón "ubicación personalizada" y agrega tu tienda a la base de datos de Instagram. De esta forma todos los que han estado en tu tienda pueden etiquetar las fotos de ellos mismos en tu tienda, o la foto de los productos que han adquirido, ¡y compartirlas con sus seguidores! ¡Cualquier cliente frecuente que haga clic en la etiqueta geográfica de tu negocio podrá ver tus nuevos productos y ofertas, y cualquiera que no sepa nada sobre tu negocio ahora sabrá qué ofreces! Si tienes un evento especial y los clientes lo etiquetan geográficamente, ¡pueden traer nuevos clientes a tu puerta!

Crear una geotag es lo primero que puedes hacer por tu empresa si quieres que tus clientes comiencen a publicar sobre los productos que adquieren.

¿Con Cuánta Frecuencia Debo Publicar y Cuándo Debo Hacerlo Para Llegar a la Mayor Cantidad de Personas?

Debes publicar lo suficiente para que la gente recuerde que existes, pero no tanto que alejes a los potenciales clientes pensando que solo estás haciendo spam.

Si publicas una foto de tu nuevo producto a las dos de la mañana, probablemente no obtengas ninguna vista, "me gusta" o comentarios en las horas siguientes a tu publicación. Como en un juego de ajedrez, publicar en Instagram requiere estrategia, y hacerlo en el momento apropiado es una de las cosas que debes dominar si no quieres perder el tiempo haciendo publicaciones que nadie verá.

A diferencia de Facebook, Twitter o incluso tu propio correo electrónico, la mayoría de las personas revisan Instagram varias veces al día. Es una aplicación fácil de revisar durante el día porque es mucho más fácil desplazarse a través de un feed de fotografías que uno con un montón de palabras. Sin embargo, existen unas horas pico.

De acuerdo a un estudio llevado a cabo por SumAll, debes publicar entre las 5 y 6 de la tarde, de lunes a viernes. En este momento es cuando normalmente las personas salen del trabajo y van a comer, así que suelen tener un momento para revisar sus teléfonos y desplazarse por su feed de Instagram.

Aun con esta información, es bueno recordar que es importante que veas tus publicaciones y cuándo tu comunidad y seguidores acceden a Instagram. Cuando vas al botón "Instagram Insights", puedes ver cuando la gente está dando "me gusta" y comentando tus publicaciones. Puede que desees atender a tu clientela una vez que hayas establecido una comunidad que apoye tu pequeña empresa o negocio.

Otra cosa que debes recordar al momento de publicar es la consistencia. Nadie quiere seguir una cuenta empresarial que no hace muchas publicaciones, sin importar qué tan buena sea la empresa. Nadie recordará tu cuenta si solo publicas una vez al mes. De hecho, según blogs en Bufferapp, Union Metrics se percató de que las empresas que publican una o dos veces al día atraen a una mayor audiencia e interactúan con una mayor cantidad de personas.

¿Publicar Fotos de Personas Incrementa Mi Compromiso?

¡Sí, totalmente! Todas las empresas deben publicar fotos de sus clientes o empleados de ser posible. Estudios han demostrado que publicar fotos de personas ayuda a atraer más comentarios y "me gusta" que si no lo haces.

¿Cómo Escribo Subtítulos Que No Molesten A Las Personas?

Los subtítulos (también conocidos en Instagram como Descripciones) son una de las cosas más delicadas de Instagram. Debes limitar los subtítulos a tres líneas legibles, ya que después de los 2200 caracteres Instagram no muestra tu subtítulo por completo. Los mejores subtítulos tienen alrededor de tres etiquetas y dicen algo ingenioso acerca del producto. De esa forma, la gente lo recodará.

Enfócate en el Público más Joven

Esto es particularmente útil si tienes una empresa que principalmente presta servicios a jóvenes. La mayoría de los usuarios de Instagram son jóvenes adultos entre 18 y 30 años. Debes recordar esto cuando al momento de crear tus anuncios y decidir cuánto invertir en publicidad de Instagram.

Capitulo 6:
¡Ven A Ganar! Geniales Concursos que te Ayudarán a Tener Éxito cuando Ya Tengas Todo Preparado

Si alguien te ofrece una barra de chocolate (o tu platillo favorito) y te dice que puedes tenerlo si haces un salto de tijeras, ¿lo harías? Estoy seguro que sí. Seamos honestos, a la gente le gusta las cosas gratis, incluso si tienen que hacer algo tonto para obtenerlas. Y sobre todo, a la gente le gusta ganar. Es por esto que para una cuenta de empresas o negocios, tener concursos es algo necesario. De acuerdo a un estudio llevado a cabo por Tailwind, una empresa asociada con Instagram, el 91% de las publicaciones con más de mil comentarios están relacionadas con algún tipo de concurso. Esto puede tomar algo de tiempo, ¡pero son tu mejor opción de marketing!

Parte de esto fue analizado en el Capítulo 2, pero existe una variedad de concursos que pueden hacer crecer tu empresa todavía más. Los concursos te ayudan a interactuar con tus clientes. Sirven para hacer publicidad entre tus valiosos clientes. Mantiene a tu comunidad interesada y también ayuda a correr la voz a personas que quizás desconocen tu servicio o producto. Ni siquiera necesitas gastar mucho en el premio. En ocasiones, hasta los premios más pequeños atraerán a las personas. Tu mejor opción es ofrecer crédito en tu tienda, ya que eso significa que el dinero regresa a ti de todas formas (en el caso de que tu negocio sea vender productos).

1) Sube tus propios concursos de fotografías – Este es el mejor truco que puedes usar para que tus clientes te hagan publicidad. Si tienes una agencia de viajes, puedes hacer que las personas suban fotos de sus aventuras más emocionantes por la oportunidad de ganar un cupón de $100 para alguno de tus tours. Eso también significa que deberán gastar la diferencia en tu empresa –y no en la competencia. Si tienes un restaurante de comida italiana, puedes hacer que las personas suban fotos de recuerdos felices comiendo pizza por un chance de ganar pizzas gratis en tu restaurante por un mes. Aunque al principio pierdes algunos suministros y/o dinero, probablemente ganarás un cliente leal. Sin mencionar que la gente conocerá sobre tu negocio si apenas estás comenzando al momento de promocionar estos concursos.

2) Loterías tipo "¡Dale 'me gusta' para Ganar!" – Este depende del azar, pero hace que mucha gente le dé "me gusta" a tu publicación, y esto hace que muchos de sus amigos la vean en su página "Buscar". Puedes hacer una campaña donde las personas tengan que darle "me gusta" a tu foto para participar en un concurso. Luego escoges a un ganador al azar y le ofreces algún premio. Es mejor si obsequias algo que tu empresa venda, ya que no solo hace publicidad a tu página sino también al producto.

Capitulo 6: ¡Ven A Ganar! Geniales Concursos que te Ayudarán a Tener Éxito cuando Ya Tengas Todo Preparado

3) "Completar", Concursos de Adivinar, o de Dejar Comentarios – Puedes saber quién conoce más sobre tu producto o empresa organizando uno de estos concursos. Quizás puedas premiar aquellos que respondan correctamente con un cupón, o presentar sus perfiles en tu pagina de negocios. De todas maneras, es una forma entretenida de mantener interesada a la comunidad.

4) Obsequios por "Mencionar un Amigo" – Esta es la forma más sencilla de hacer que las personas que no han escuchado de tu marca prueben un producto. Simplemente le dices a alguien que publique una imagen de tu producto o junto a él (dependiendo de si es comida, una prenda de vestir, o parte de una colección). Luego de publicarlo, la persona deberá mencionar a un amigo en la publicación y seguir la cuenta de la tienda. Eso los califica automáticamente para concursar, y puedes seleccionar un ganador a través de un sorteo al azar.

5) Concursos de Fotografía en la Tienda o "Selfie" – Esto funciona mejor si en realidad tienes una tienda física donde vender tus productos. Haz que las personas que van a la tienda se tomen fotos y las suban con una etiqueta por una oportunidad para ganar algo. Esto no solo sirve para atraer a las personas a tu tienda, sino que también harán publicidad en línea para tu empresa, y eso beneficiará al negocio a largo plazo, incluso si solo regalas algo pequeño. ¡También puedes destacar a tus clientes en la página que sepan cuanto los aprecias!

Mientras a más clientes les gusta la administración de una empresa o negocio, es más probable que regresen, aún si tu producto no es mejor que el de la competencia.

Toma tiempo manejar los concursos en Instagram y pueden ser un dolor de cabeza. Sin embargo, es la forma más rápida de llegar a todas las personas con quienes desees conectarte si solo tienes un negocio pequeño. Ahora que sabes cómo crear una cuenta en Instagram para empresas y negocios, y tienes todo preparado, esta es la mejor manera de que tu clientela siga creciendo y aumentar la popularidad como producto. No olvides asociar cada concurso con una etiqueta particular, sino será difícil hacer seguimiento de las publicaciones.

¿Cómo Organizas un Buen Concurso? Aquí Tienes Algunos Consejos.

1. Asegúrate de que las reglas estén claras, ¡así no habrá ninguna discusión sobre quién ganó o cómo participar! Lo peor que puede suceder es que dos personas comiencen una discusión. Te hace ver desorganizado como empresa o negocio, y quizás debas entregar dos premios en vez de uno si no logras determinar quién ganó en realidad.

2. Crea una página web para el concurso si es lo suficientemente grande para que las personas puedan entrar al mismo desde allí.

3. ¡Evita que tu concurso dure más de un mes! Puede ser agotador, y quizás te de pereza seguir organizándolo

por un tiempo muy largo. Además, la gente podría olvidarlo y se pierde la intención original del concurso, la cual es exponer tu marca.

¡Lo más importante acerca de cualquier concurso es que debes mantenerlo interesante y entretenido!

Ahora que sabes cómo organizar estos concursos, ¡tienes básicamente todo lo que necesitar para comenzar tu empresa o negocio en Instagram hoy! Si podemos resumirlo, diríamos que debes separar tu cuenta para empresas de tu cuenta personal, y así mantener un nivel profesional. ¡Necesitas un estilo definido para tu marca, subtítulos o descripciones ingeniosas, y publicaciones que detallen tu producto! Tu información debe ser la correcta, ¡y no olvides utilizar etiquetas e interactuar con tus clientes! ¡Debes saber reconocer a tu público para enfocarte en ellos y en otros con intereses similares! ¡Recuerda hacer un seguimiento de tu perfil a través del botón "Instagram Insights", crea una ubicación propia en el mapa de Instagram! Una vez que hayas hecho todo esto, puedes comenzar a transmitir en vivo cualquier cosa que suceda en tu empresa o negocio, ¡y responder a todas las preguntas de tus clientes!

Esperamos que este libro te sea de utilidad. Incluso si tienes éxito y logras manejar una empresa con grandes ingresos, que es capaz de atraer a un gran número de clientes, ¡estos consejos te ayudarán a llevar tu publicidad a más personas! ¡La era tecnológica de hoy facilita todo el proceso de publicidad, sin tener que invertir mucho dinero! Comienza hoy a explorar la plataforma de Instagram, solamente está a una descarga de distancia.

Conclusión

Gracias por haber leído *Marketing en Instagram: ¡Una Forma Perfecta de Hacerse Rico!* También queremos agradecer a Instagram por proporcionar una excelente plataforma de conexión social, ¡tan increíble que somos capaces de escribir un libro acerca de todos los pequeños consejos de marketing que podemos usar mediante esa aplicación! ¡Esperamos haberte brindado suficiente información (y más) para hacer de tu empresa o negocio el próximo gran éxito en internet! Recuerda que nuestros consejos no son las únicas formas que existen para presentar tu empresa a todo el mundo. Continúa aprendiendo sobre marketing en línea, ya que seguramente será parte de la vida de cualquier hombre de negocios. Ahora tienes una ventaja sobre tus competidores ya que conoces los consejos recopilados en este libro.

¡Ahora es momento de la acción! Tu tarea es seguir los pasos indicados y aplicarlos a tu empresa o negocio ya, ¡o quizás comenzar una nueva empresa y aplicar estas nuevas estrategias de marketing en Instagram! ¡Asóciate con otras empresas y haz saber a toda la ciudad (y más allá) que tienes algo maravilloso que ofrecer! No hay necesidad de esperar – mientras más rápido empieces, más personas conocerán lo que ofreces, ¡y más dinero llegará a ti!

Si ya te sientes abrumado o sobrecargado por todo el estrés de tu empresa, considera delegar algo de tiempo de trabajo para hacer publicidad en internet. ¡Activa esta cuenta durante las horas laborales con la ayuda de tus empleados! Si puede incrementar la cantidad de personas interesadas en tu negocio, ¡ese día de trabajo extra habrá valido la pena!

¡Te deseamos la mejor de las suertes en todo lo que hagas! ¡Creemos en ti y sabemos que lo lograrás! Si tienes éxito, significa que nosotros también hemos tenido éxito al escribir este libro.